KB124894

격려 수업
워크북

TO KNOW ME
IS
TO LOVE ME

어제의 내가 오늘의 나에게 주는 용기

격려 수업
워크북

린 로트 · 메릴린 캔츠 · 드루 웨스트 지음 | 김성환 옮김

TO KNOW ME
IS
TO LOVE ME

교육과실천

제니퍼는 어린 시절 엄마가 너무 바빠서 자신과 시간을 보낼 수 없었던 것으로 기억합니다. 제니퍼는 자신이 엄마에게 중요한 존재인지를 궁금했습니다. 4살이 되던 해 그녀는 자신의 물음에 "나는 중요한 존재가 아니야"라고 스스로 답을 내렸습니다. 제니퍼는 자신의 결정을 의식적으로 알지 못했지만, 자신이 중요하다는 것을 증명하려고 노력하며 삶을 살아갔습니다. 이미 자신이 중요한 존재가 아니라고 결정했기 때문에, 어떤 그 반대의 증거도 받아들일 수 없었습니다. 하지만 그녀는 자신이 중요하지 않다는 자신의 결정을 뒷받침할 증거는 기꺼이 받아들이려 했습니다.

나는 상담하러 오는 내담자에게 트리비아 질문 치료(Trivia Question

Therapy)를 사용합니다. 이는 어린 시절을 대표할 만할 기억에 대한 질문으로, 내담자의 어린 시절을 이해하는 데 도움이 됩니다. 그리고 이 질문은 내담자가 자기 자신을 이해하는 데도 도움이 됩니다. 흥미롭게도 우리는 평소에 의식하지 못했던 자기 자신에 대한 질문과 대답, 즉 그러한 생각에 기초하여 살아가고 있습니다.

자기 자신이 중요하지 않다고 믿게 한 기억을 없애기 위해 제니퍼는 '요술봉'을 이용했습니다. 그리고 이를 통해 기억에 대한 다른 해석과 믿음을 지니게 되었습니다. 제니퍼는 이제 자신이 중요하지 않다는 생각이 들 때마다 배가 불편해지는 것을 알아차렸습니다. 불편한 배를 몸이 보내는 신호로 받아들였고, 이 신호 덕분에 지금 현재를 좀 더 효과적으로 살아가는 데 필요한 새로운 신념과 기술을 찾을 수 있었습니다.

이 책은 어린 시절 자신이 어떤 믿음을 지니게 되었는지를 아는 데 도움이 되는 여러 활동과 과정을 담고 있습니다. 잘못된 믿음은 자존감을 떨어뜨리고 삶의 진정한 기쁨을 알아가는 데 방해가 되며 지금의 삶에 문제를 일으키기도 합니다. 이런 잘못된 믿음이 왜 생겼는지, 어떻게 생겼는지 알게 되면, 자존감을 회복하고 건강하게 살아갈 새로운 믿음과 기술을 얻을 수 있습니다.

다만, 이 책에 나와 있는 여러 가지 활동은 성실하게 실천할 때만 효과가 있습니다. 책을 따라 하면서 자기 자신을 발견하고 격려하는 셀프 테라피로 활용할 수도 있고, 다른 상담법과 함께 응용해 활용할 수도 있습니다.

이 책에 나온 연습 활동과 과정을 실천해본 상담사와 교사는 내담자와 학생의 자기 인식과 유용한 삶의 기술을 향상시키는 데 도움이 되었다고 말합니다.

마지막으로, 이 책은 개인의 성장을 위한 즐거운 과정을 담고 있습니다. 나는 이 책에 나온 대부분의 활동을 실천해보았는데, 개인의 성장에 매우 도움이 되었습니다. 그중 몇몇 활동은 좀 더 깊이 이해해보려고 두 번 이상 반복하기도 했습니다.

당신을 위해 이 책을 강력하게 추천합니다. 이 책에 나와 있는 활동을 스스로 하거나, 모임에서 하거나, 학급이나 상담에서 용기 내어 하길 권합니다. 자신의 성장을 위한 과정을 즐기기 바랍니다.

제인 넬슨

차례

나를 알아가며 나를 사랑하며
나와 벗들을 격려하는 길

이제 자존감 여행을
시작하려는 당신에게

자기 자신을 격려하는 데는 4가지 중요한 열쇠가 있습니다.

🔑 불완전할 용기
🔑 있는 그대로의 자신을 받아들이는 용기
🔑 기꺼이 새로운 행동을 선택하려는 용기
🔑 그대로 두는 용기(courage to let go)

자존감을 높이는 비밀은 바로 판단과 비교, 강박관념을 내려놓고 당신이 있는 그 순간의 자신을 공감하고 받아들이며 알아가는 것입니다.

이 책에서 소개하는 활동들은 다음 3가지 영역에서 도움이 됩니다.

1. 알아차리기(Awareness): 당신이 누구인지 발견하고 바로 지금 이 순간 자신을 바라보는 법
2. 받아들이기(Acceptance): 판단, 비판, 비교, 의무감에 대한 생각에서 벗어나 나를 있는 그대로 받아들이는 법
3. 행동하기(Action): 실수에서 배우고 새로운 방법을 시도하며 자기 삶의 과제에 직면할 용기를 내는 법

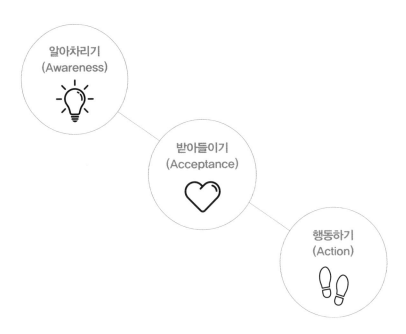

Q. 격려(encouragement)는 어디에서 오나요?

A. 인간은 말이나 언어를 하기 전에 이미 결정(decisions)을 내리는데, 격려는 당신 자신과 주위에서 일어나는 일을 관찰하며 내린 당신의 결정에서 옵니다.

Q. 그런 결정을 내릴 때 나는 어디에 있었나요?

A. 아마 당신의 가족과 함께 있었을 겁니다.

Q. 그럼 자기 자신을 낙담시키는 결정은 어떻게 내리게 되었나요?

A. 꼭 어떤 방식으로 행동할 때만 사랑받을 수 있고, 스스로 괜찮은 사람이라는 생각을 하게 되었습니다. 반대로 그렇게 행동하지 못했을 때는 스스로 충분하지 않고, 주위에서 사랑받지 못할 거라는 잘못된 생각을 하게 됩니다. 이런 생각은 우선 부모나 형제, 사촌, 이웃의 또래와 당신을 비교하면서 시작되는데, 그들이 당신보다 더 힘이 세고, 더 똑똑하고, 더 용감하고, 더 재능 있고, 더 나은 존재라고 믿습니다. 그 밖에 당신이 실수하거나 무언가를 잘못한 순간 사람들이 화를 냈을 때, 당신의 실수나 잘못으로 상황이 안 좋아질 때도 스스로 열등한 존재라는 잘못된 생각을 하기 시작합니다.

낙담은
용기를 잃은 것입니다.
조심해야 한다는 두려움,
그리고 어떤 식으로 꼭 해야 하거나
어떤 방식의 사람이 되어야
사람들이 당신을 사랑할 거라는 두려움입니다.

낙담은
포기하는 것입니다.
이미 사랑과 존중을 잃어버렸다고 단정하는 것
그래서 돌아갈 길이 없다고 여기며 말이죠.

당신은 용기를 되찾아야 합니다.
왜냐하면
용기가 있으면 무엇이든 할 수 있기 때문입니다!

행동하고,

시도하고,

도전하는 것이 중요합니다.

도전하지 않으면, 어떤 것도 얻을 수 없습니다.

실수에 대한 두려움은 아무런 행동도 하지 못하게 합니다.

용기 있게 나아가세요.

그리고 실수도 나의 한 부분이라고 받아들이세요.

실수를 했다는 사실이 중요한 것이 아닙니다.

중요한 것은

실수에서 무엇을 배우는가

그리고 앞으로 어떻게 할 것인가입니다.

그렇다면 사람은 어떤 행동이든 할 수 있다는 것일까요?

네, 그렇습니다. 어떤 행동도 할 수 있습니다. 나와 타인을 존중하는 방식이라면 말이죠.

기억하세요.

어떤 순간에든 자기 자신을 다른 사람과 비교하거나 판단하지 않고, 의무감에 사로잡히지 않으며, 자신을 알아가고 받아들이며 위로하는 것이 최고의 격려입니다. 격려를 받으면 실제 생활에서도 새로운 행동이나 새로운 선택을 할 용기를 더욱 쉽게 얻을 수 있습니다.

알아차리고 받아들였다면 변화를 위한 마지막 과정인 실천이 남습니다. 실천을 '삶의 과제'라고 부릅니다. 이 책은 당신의 삶의 과제를 수행하도록 돕는 안내서입니다. 이 책에 있는 활동은 삶의 과제를 수행하는 것을 돕도록 설계되었습니다.

용기는 누구에게 있을까요?
우리 각자 모두에게 있습니다.
그리고 자신이 누구인지 더 많이 알고 받아들일수록
용기도 더욱 커집니다.

3가지 A

이 책에 있는 각각의 활동 끝에 다음과 같이 요약한 자존감 활동지를 넣어두었습니다.

1. 알아차리기: 바로 이 순간 나를 알아차리는 방법
   "나는 _____ 사람이다."
   문장 사이에 있는 빈 곳에 내용을 넣는 연습을 합니다.

2. 받아들이기: 판단, 비판, 비교, 의무감에 대한 생각에서 벗어나
   나를 온전히 받아들이기
   "나는 판단하지 않고 _____."
   문장 마지막의 빈 곳에 내용을 넣는 연습을 합니다.

3. 행동: 수용에서 실천으로 나아가기 위한 삶의 과제
   "실제 삶에서 용기를 가지고 내가 실천할 한 걸음은 바로
   _____."
   문장 마지막의 빈 곳에 내용을 넣는 연습을 합니다.

사람들은 자신이 속한 상황에서 요구되는 행동 양식에 맞게 대부분의 시간을 살아갑니다. 상황의 필요성을 존중하며 상황에 맞게 일상을 살아가다가도 때론 내 뜻대로 되지 않을까 봐, 사랑받지 못할까 봐 걱정하고 불안해하며 두려움에 휩싸이기도 합니다. 그러면 용기를 잃고 자기 자신을 있는 그대로 충분하지 않다고 여기게 됩니다. 이때 자존감이 위협받습니다. 자신이 부족하고, 수치스럽고, 죄책감을 느끼고, 기대에 부응하지 못할 것이라고 생각합니다.

　우리가 어렸을 때 저지른 큰 실수가 있습니다. 무엇일까요?
　그것은 바로
　자신이 있는 그대로 충분하다는 걸 깨닫지 못했다는 것입니다.
　그리고 사랑받기 위해 특별히 꼭 무언가를 하지 않아도 된다는 걸 몰랐다는 것입니다.

나는 사랑받기 위해, 충분히 괜찮은 사람이 되기 위해 어떤 선택을 했는지 알아봅시다.

1. 태어났을 때 있는 그대로 충분했습니다.

충분히 괜찮은

2. 하지만 살아가면서 때론 '스스로 별로'라는 생각을 하며 자기 자신을 열등한 존재(삶의 마이너스)라 믿게 됩니다.

3. 그런 생각이 들면 누구나 만회하려는 노력을 시작합니다. 정말 괜찮은 사람이라는 것을 증명하려고, 또는 인정받으려고 노력합니다. 그때는 너무도 어렸기에 흑백논리로 생각을 하게 됩니다.

예를 들면, 다음과 같은 것입니다.

- 내가 효원이라면 친구들이 날 좋아할 텐데.
- 내가 셀리처럼 예뻐야 괜찮을 텐데.
- 내가 크고 힘이 세면 친구들과 잘 지낼 텐데.
- 난 외톨이고, 이게 내 자리야.
- 내가 옳아야 인정받을 수 있어.

4. 하지만 자신의 가치를 증명하려는 이런 노력은 '진정한 나'(X 지점)에게서 점점 멀어지게 합니다.

5. 이 책을 통해 있는 그대로의 나 자신, 즉 진정한 나(X 지점)를 찾아갑니다.

자, 그럼 나와 주위 사람들을 격려하는 여정을 떠나 볼까요?

1
자존감의 출발점

어린 시절 자기 자신에 대해 했던 결정을 보면 자신을 어떻게 생각했는지 알 수 있습니다.

아이였을 때는 대부분 가족과 오랜 시간을 보냅니다. 어린 시절에 하는 가족에 대한 잘못된 생각이 있습니다. 가족을 조각들이 모인 파이처럼 생각합니다. 그러면서 하나의 조각을 뺏기게 되면 다른 한 조각을 가져와야 한다는 생각을 하게 됩니다.

보통 형제나 자매와 비교하며 정체성을 찾아갑니다. 만약 형제나 자매가 없다면 부모가 자주 언급했던 아이나 친척, 이웃의 아이와 비교합니다. 어린 시절 자신에게 내렸던 결론(conclusion)은 이후의 삶에 영향을 미치게 됩니다.

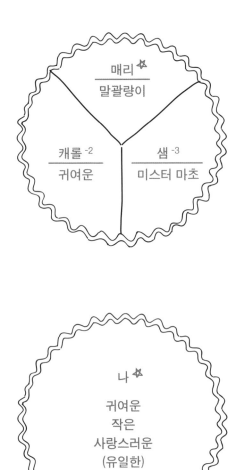

매리 ✿
말괄량이

캐롤 [2]
귀여운

샘 [3]
미스터 마초

나 ✿

귀여운
작은
사랑스러운
(유일한)

다음의 가족에 관한 파이 활동으로 어린 시절에 자기 자신에게 한 어떤 결정을 내렸는지 찾아봅시다.

활동: 가족에 관한 파이 그림

1. 다음에 나오는 파이 그림을 형제자매의 수만큼 조각을 나눈다. 예를 들어, 형이 한 명 있다면 조각은 2개가 된다. 그런 다음 각각의 조각에 나와 형제, 자매의 이름을 쓴다. 형제자매의 이름 옆에 당신의 나이보다 몇 살이 많고 적은지 적는다. 예를 들어, 당신보다 두 살이 많다면 +2로 적고, 세 살이 적다면 −3으로 적는다. 만약 먼저 하늘나라로 간 형제가 있다면 그 형제도 포함한다. 자신의 이름 옆에는 별 그림을 그린다.

2. 당신이 어렸을 때 당신을 포함한 형제들을 표현할 수 있는 2~3 단어를 형용사로 적는다.

3. 각각의 구성원이 어떻게 달랐고 특별했는지 확인한다.

4. 어떤 결심을 하게 되었는지 확인한다.

5. 어린 시절에 자신을 생각한 것처럼 지금도 그렇게 느끼는가?

6. 그때의 결심이 당신의 삶에 어떤 영향을 주는가?

과잉보상은 자신이 부족하다고 느낄 때 증명하려는 행동을 말하는데, 가족 파이의 조각들은 가족 구성원들이 어떤 식으로 과잉보상을 하게 되는지 보여줍니다. 또는 적어도 당신이 어떻게 과잉보상을 하려 했는지를 나타냅니다.

아이는 자라면서 많은 것을 경험하며 자신만의 방식으로 이해하고 해석합니다. 아이는 좋은 관찰자지만 관찰한 것에 대한 해석과 결론은 좋지 못한 경우가 많습니다. 이처럼 좋지 못한 해석과 결론 가운데 하나가 '나는 형편없어'라는 생각입니다. 사람은 누구나 이런 상태를 좋아하지 않고 이를 벗어나고자 자신만의 선택을 하게 됩니다.

어른의 시각으로 다시 가족 파이를 보면, 어린 시절의 흑백논리보다는 좀 더 입체적으로 자신을 되돌아볼 수 있습니다. 또 어린 시절에 했던 결심이나 생각을 성인이 된 지금도 여전히 하고 있는지도 확인할 수 있습니다.

'세상은 나를 중심으로 돌아가'

난 특별해,
그러니 나 이외의 사람과
시간을 보내지 마!

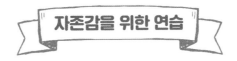

자존감을 위한 연습

내가 이 활동으로 배운 것은......

알아차리기

나는 _____

_____ 사람이다.

(앞의 파이 활동에서 작성한 당신을 설명했던 형용사를 채우면 된다.)

받아들이기

내면의 목소리가 들리는가? 그것은 다툼인가, 판단인가, 설명인가, 방어인가, 예방하는 건가, 비교하는 건가, 한계를 정하는 건가? 어떤 것인가?

_____

나를 받아들이기 위해 아래에서 적합한 표현을 골라보자. 적합한 표현이 없다면 나만의 문장을 만들어보자.

1. 내 형제자매와 달라도 괜찮아. 다르다는 것이 세상을 더 흥미롭게 만들어.
2. 아직도 나 자신을 그런 관점으로 보는 게 흥미롭지 않니?
3. 이런 나의 특징을 받아들이는 데 어려움이 있음을 알게 되었어.
4. 단지 이런 특징 때문에 나 자신에 대한 관점에 한계를 보이지는 않아.
5. 결점이 있고 불완전한 나를 인정해.
6. 나만의 문장 :

행동

이제 용기를 가지고 실제 생활에서 삶의 과제를 수행하기 위해 아래에 있는 것 가운데 하나를 선택해보자.

(지금은 하나만 선택하라. 나중에 더 많은 것을 할 수 있다.)

1. 나를 표현한 형용사를 누군가에게 보여주고 소리 내어 읽어달

라고 부탁한다.

2. "나는 (당신을 표현하는 형용사) 이다"를 소리 내어 말해보고 느낌을 살핀다.

3. 그런 표현들이 혹 지금 자신의 한계를 규정하는지 확인한다.

4. 있는 그대로의 자신의 모습을 인정한다.

5. 당신의 형제자매에게만 있다고 생각하는 특징을 찾고, 당신이 어떻게 그것을 가질 수 있는지 말한다.

6. 당신의 형제자매에게 부정적이고 제한적인 표현을 사용했는지 보고, 형제자매에 관해 더 알아보는 기회를 갖는다.

7. 당신이 누구와 왜 비교하는지 살핀다. '그럴 수도 있지'라고 생각한다.

MEMO

2

과거에서 온 메시지[*]

어린 시절에 내린 결론은 종종 오늘날 내가 내리고 있는 결론과 닮았습니다. 어른이 된 지금도 어린 시절에 내렸던 결론이 여전히 작동합니다. 마치 여행 가방에 짐을 챙겨 여행을 하듯이, 어린 시절의 결론을 가진 채 인생의 여행을 합니다.

당신은 어떤 짐을 챙겨 인생의 여행을 하고 있나요? 이를 알아보기 위해 다음 그림에서 각각의 단어를 보고 떠오르는 어린 시절의 생각들을 적어봅시다.

---

[*]   맥신 이잠스의 워크숍에 기초함.

활동: 나의 '인생 여행' 가방

각 단어에 대한 어린 시절의 당신의 생각을 가방에 채워보자.

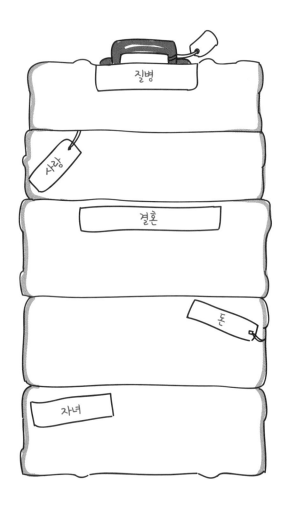

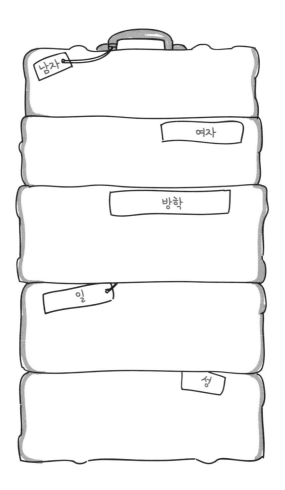

어린 시절에 갖게 된 메시지는 어른이 된 지금도 믿음으로 자리 잡고 있다.

"남자들은 재미있는 걸 모두 가지니까 내가 남자라서 기뻐."
"난 쉴 시간이 없어."
"엄마가 되는 건 그리 즐거워 보이지 않아."
"난 어른이 되면 아빠처럼 열심히 일할 거야."
"만약 내가 아프면, 엄마는 내게 특별한 관심을 줄 거야."

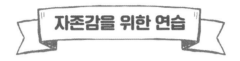

내가 이 활동으로 배운 것은......

알아차리기

나는 _____을 믿는 사람이다.

(밑줄에는 가방에 넣은 결론이나 메시지 가운데 하나를 쓴다.)

받아들이기

판단하지 않고 자신에게 적합하거나 자신을 표현하는 문장을 골라 보자. 적합한 것이 없다면, 나만의 문장을 만들어보자.

1. 나의 짐은 다른 사람들과 달라도 괜찮아.
2. 이런 생각이 떠오른 게 흥미롭지 않니?

3. 이렇게 오래된 생각이 내게 아직 있는 것이 재밌지 않니?

4. 그런 생각이 나를 어떻게 한계 짓고 있는지 봐왔어.

5. 어린 시절 신념이 만들어졌다는 걸 몰랐어. 그것이 어디에서 왔
   는지 알게 되어 놀라워.

6. 나만의 문장 :

___

행동

이제 용기를 가지고 실제 생활에서 삶의 과제를 수행하기 위해, 내 신념이 나에게 해를 끼치고 있는지 도움이 되는지 스스로에게 물어보자. 여기서 부작용이란 해야 하는 것보다 과하게 하거나 덜 하는 것을 의미한다.

만약 부작용이 있다면, 구체적으로 적어보자.

___

___

___

___

___

그렇다면, 이 정보를 활용해 현재 상황에서 나아지려는 노력을 적어보자. 다음과 같은 단계가 있다.

1. 나의 믿음을 다른 누군가와 나눈다.
2. 다른 사람의 믿음을 듣고 그들의 사고방식을 가지기를 원하는지 살핀다.
3. 다른 사람의 믿음을 듣고 반대로 한다.
4. 내 상황을 개선하기 위해 다음주까지 할 수 있는 행동 계획을 세워본다.

  나의 계획 : _____

  _____

  _____

  _____

만약 나의 믿음이 부작용을 불러오지 않는다면, 그 믿음이 나를 어떻게 성장시킬 수 있을지 적어보자.

나의 이 믿음은 나에게

_____

_____

이런 도움이 되었다.

알아두기

때론 이 짐들로 곤란을 겪기도 합니다. 특히 관계에서 말이죠. 다른 사람들도 당신처럼 세상을 본다고 생각하기도 합니다. 그러나 그들은 다른 짐들을 갖고 있습니다. 다른 짐들, 즉 생각이 충돌할 때는 서로 자신이 옳다고 주장합니다. 이런 상황에서 서로 옳다고 주장하거나 힘겨루기로 가지 않는다면 타인에게 호기심을 가지고 다양한 삶을 경험할 수 있는 기회가 될 수 있습니다. 이 활동을 친구, 가족과 함께 해보세요.

3
사랑의 방식

가정은 사랑을 배우는 첫 번째 장소입니다. 하지만 너무 어린 나이에 배웠기 때문에 무엇을 배웠는지, 어떻게 배웠는지 잘 생각나지 않습니다. 부모는 저마다의 방식으로 사랑을 표현하고 아이는 부모가 사랑을 표현한 방식으로 사랑을 느낍니다. 그리고 부모에게 사랑을 표현하려고 자신만의 방법을 발견하게 됩니다.

이러한 초기 경험은 어른이 된 지금도 사랑을 느끼고 표현하는 방식에 많은 영향을 끼칩니다. 사랑을 느끼고 표현하는 방식이 사람마다 다른 것은 초기 경험이 다르기 때문입니다.

사랑에 대한 당신의 결심을 이해하기 위해 다음의 빈칸을 채워봅시다.(배우자 또는 연인과 할 수 있기에 질문을 두 세트로 준비했습니다.)

나

1. 태어나서 한 살까지 누가 더 주요한 부모(둘 중) 또는 성인 멘토였는가?

_____

2. 어린 시절 당신이 좋아한 부모(둘 중) 또는 성인 멘토는 누구였는가?

_____

3. 어린 시절 자라면서 1번에서 쓴 부모나 멘토에게 사랑을 어떻게 표현했는가?

_____

_____

4. 어릴 때 당신의 부모나 멘토(1번에서 쓴)가 당신에게 사랑을 어떻게 표현했는가?

_____

_____

5. 어릴 때 당신이 좋아한 부모나 멘토(2번에서 씀)에게 어떻게 사랑을 어떻게 표현했는가?(더 좋아한 부모나 멘토가 있었을 경우에만 쓴다.)

_____

_____

_____

6. 어릴 때 당신이 좋아한 부모나 멘토(2번에서 씀)가 당신에게 사랑을 어떻게 표현했는가?

_____

_____

_____

(만약 '착하게 행동하기', '책임감 있게 행동하기'와 같은 단어를 사용했다면 좀 더 정확하게 써야 한다. 예를 들어 '착하게 행동하기'는 '제때 집안일 돕기', '조용히 하기', '부탁 들어주기' 등 구체적으로 쓴다.)

배우자 또는 연인

1. 태어나서 한 살까지 누가 더 주요한 부모(둘 중) 또는 성인 멘토였는가?

_____

2. 어린 시절 당신이 좋아한 부모(둘 중) 또는 성인 멘토는 누구였는가?

_____

3. 어릴 때 1번에서 쓴 부모나 멘토에게 사랑을 어떻게 표현했는가?

_____

_____

_____

4. 어릴 때 당신의 부모나 멘토(1번에서 쏨)가 당신에게 사랑을 어떻게 표현했는가?

_____

_____

_____

5. 어릴 때 당신이 좋아한 부모나 멘토(2번에서 쏨)에게 사랑을 어떻게 표현했는가?(더 좋아한 부모나 멘토가 있었을 경우에만 쓴다.)

_____

_____

_____

6. 어릴 때 당신이 좋아한 부모나 멘토(2번에서 씀)가 당신에게 사랑
   을 어떻게 표현했나?

_____

_____

_____

(만약 '착하게 행동하기', '책임감 있게 행동하기'와 같은 단어를 사용했다면 좀 더
정확하게 써야 한다. 예를 들어 '착하게 행동하기'는 '제때 집안일 돕기', '조용히 하
기', '부탁 들어주기' 등 구체적으로 쓴다.)

만약 이 활동을 배우자나 연인과 한다면, 당신이 사랑을 표현하는
방식이 상대가 사랑을 느끼는 방식과 같은지 확인해야 합니다. 만약
같지 않다고 해도 당신만 그런 것은 아닙니다. 다만, 이 사랑의 메시
지는 관계를 이해하는 데 유용한 정보가 됩니다.
   이 정보가 무엇을 의미하는지 이해하려면 다음을 생각해봅시다.
   방금 전 활동에 쓴 것들을 보며 말해보죠. 아래와 같은 방법들로
사랑을 표현했음을 알 수 있습니다.

집안일 돕기
부탁 들어주기
포옹하기
누군가의 등을 쓰다듬어주기
학교에서 잘하기
열심히 노력하기 등

사랑을 표현하는데 상대가 불평한다면 그것은 사랑을 느끼지 못해서입니다. 이런 상황에서 당신은 상처받고 화가 나고 거절당하는 느낌일 것입니다. 그럼 어떻게 해야 할까요?

워크숍에 참가한 사람들은 아래와 같은 순간 사랑을 느낀다고 대답했습니다.

함께 놀아주기
맛있는 요리 해주기
가끔 혼자 시간 갖게 하기
소중하게 여기기
함께 여가 즐기기

당신의 삶에서 다음의 가능성을 살펴봅시다.

만약 당신이 "난 사랑을 표현하거나 느끼지 못했어요"라거나 "기억이 안 나요"라고 대답한다면, 누군가 사랑을 표현하는 것을 알아차리지 못하거나 혹은 사랑을 표현하는 방식을 알지 못해서 그 방법을 배울 수 있다는 뜻일 수도 있습니다.

이제 당신이 질문들에 한 답을 보며 사랑을 표현하고 느끼는 현재의 방식을 찾기 위해 다음의 칸을 채워봅시다. 당신의 배우자나 연인의 답을 적을 수 있는 여분도 준비되어 있습니다.

사랑을 표현하고 느끼는 방식

	나	배우자(연인)	
사랑을 표현하는 방식	3번 답변을 쓴다.	4번 답변을 쓴다.	사랑을 느끼는 방식
	5번 답변을 쓴다.	6번 답변을 쓴다.	
사랑을 느끼는 방식	4번 답변을 쓴다.	3번 답변을 쓴다.	사랑을 표현하는 방식
	6번 답변을 쓴다.	5번 답변을 쓴다.	

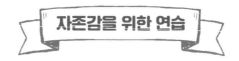

자존감을 위한 연습

내가 이 활동으로 배운 것은......

알아차리기

나는 _____

_____

방식으로 사랑을 표현한다.

(40쪽 질문의 3번과 5번 답을 적는다)

그리고 나는 _____

_____

방식으로 사랑을 느낀다.

(40쪽 질문의 4번과 6번 답을 적는다)

판단하지 않고, 다음 문장들 가운데 받아들이고 싶은 문장 하나를 골라보자.

1. 이런 식으로 사랑을 표현하고 받아들이는 것이 내게는 가장 자연스러워.
2. 어린 시절에 한 결심이 오늘날 사랑을 느끼지 못하는 데 영향을 주었다는 걸 이제야 알게 되었어.
3. 나는 새로 시작할 수 있어.
4. 이건 단지 내가 어린 시절에 결정한 패턴일 뿐이야. 내가 원한다면 바꿀 수 있어.
5. 나만의 문장 :

_____

행동

이제 용기를 가지고 실제 생활에서 삶의 과제를 수행하기 위해 다음 문장 가운데 하나를 골라보자.

1. 사랑받지 못한다고 느끼거나 사람들이 당신에게 사랑을 표현하길 원하던 부분을 살펴보라. 당신의 부모가 하던 사랑의 방식으로 당신을 대하길, 또는 당신이 원하는 방식으로 그들이 사랑을 표현하길 기다렸는가 생각해보자. 그들은 그들의 방식으로 사랑을 표현했을 수 있다.

2. 당신이 원하는 방식으로 사랑을 표현해달라고 부탁해보라. 당신은 누군가에게 부탁하는 것이 별로 좋지 않다고 생각할 수도 있다. 다른 사람들은 당신의 마음을 읽는 독심술사가 아님을 기억하라. 그들도 당신이 어떻게 해야 사랑을 느끼는지 알 필요가 있다. 당신의 부탁을 받아들이지 않을 수 있지만, 그것이 당신이 사랑받을 자격이 없다는 뜻은 아니다. 그들이 어떻게 반응하는가는 그들의 반응 능력과 관련이 있을 뿐 당신과 관련 있는 것이 아니다.

3. 당신에게 사랑을 표현해주었으면 하는 사람을 찾는 데 시간을 보낸다.

4. 당신이 사랑을 표현하는 방식으로 상대방이 사랑받는다고 느끼는지 물어보라. 상대방이 원하는 것이 있는지도 물어보라.

5. 어린 시절에 배운 사랑의 방식으로 누군가에게 사랑을 표현할 때 "당신을 사랑해서 이렇게 하는 거야. 이것이 내가 사랑을 표현하는 방식이야"라고 말해본다.

6. 사랑받지 못했다고 느낄 때 당신의 감정에 관해 누군가와 이야

기를 나누어본다.

7. 사랑받고 있고 사랑하고 있는 것처럼 행동한다.

8. 여기에 나온 질문들을 파트너와 함께 나눈다면 상대방을 더 잘 알 수 있을 것이다.

9. "난 지금 그대로 괜찮아. 이 활동으로 나를 이해하고 어떻게 해야 하는지 확실해졌어"라고 자기 자신에게 확신을 갖고 말한다.

MEMO

4
반복되는 실패로부터의 탈출
변화하고 싶지만 늘 실패하는 당신에게

자존감 방해 서클은 당신이 만든 마음속 쳇바퀴입니다. 이것은 마치 햄스터의 쳇바퀴와 같습니다. 당신은 출구가 없다고 생각할 테죠. 아래에 쳇바퀴가 있습니다. 번호 순서대로 살펴봅시다.

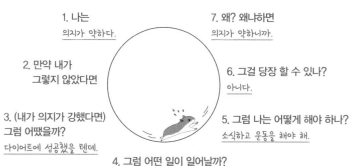

1. 나는
의지가 약하다.

7. 왜? 왜냐하면
의지가 약하니까.

2. 만약 내가
그렇지 않았다면

6. 그걸 당장 할 수 있나?
아니다.

3. (내가 의지가 강했다면)
그럼 어땠을까?
다이어트에 성공했을 텐데.

5. 그럼 나는 어떻게 해야 하나?
소식하고 운동을 해야 해.

4. 그럼 어떤 일이 일어날까?
건강하고 옷맵시도 좋을 텐데.

활동

자, 그럼 이제 당신의 패턴을 아래에 적어보자.

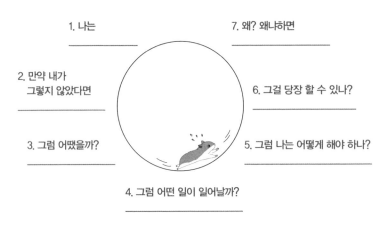

1. 나는 _____

7. 왜? 왜냐하면 _____

2. 만약 내가
   그렇지 않았다면 _____

6. 그걸 당장 할 수 있나? _____

3. 그럼 어땠을까? _____

5. 그럼 나는 어떻게 해야 하나? _____

4. 그럼 어떤 일이 일어날까? _____

1. 나는 _____

2. 만약 내가 그렇지 않았다면,

_____

3. 그럼 어땠을까?

_____

4. 그럼 어떤 일이 일어날까?

_____

5. 그럼 나는 어떻게 해야 하나?

_____

6. 그걸 당장 할 수 있나?

_____

7. 왜? 왜냐하면

_____

당신의 쳇바퀴 도는 패턴이 자존감을 손상시킬 때, 이 순간 당신이 무엇을 얻게 되는지 주목해봅니다. 이것이 정말 당신이 원하는 걸까요? 그렇지 않다면 당신이 쓴 문장들을 다시 읽어보며 어떤 것이 당신을 낙담하게 하는지 아래의 예를 참고해 살펴봅시다.

- 타인과의 비교
- 자기 자신에 대한 판단
- 다른 사람들이 말하는 것을 상대방의 의견이라고 받아들이지

않고 당신의 모습으로 받아들이기

- 너무 많은 기대하기
- 절대적인 생각(항상, 절대, 불가능한)
- 당신의 패턴을 바꿀 수 없다고 믿거나 그것이 유일한 패턴이라는 생각

자기 자신을 격려하기 위해 아래의 새로운 행동을 쳇바퀴의 3번과 4번에 다시 넣어봅시다.

만약	그렇다면
비교	당신의 성장에 초점을 둔 채 다름을 받아들이고 기술을 배운다.
절대적인 판단과 생각	'반드시 그렇다'라는 생각에서 '그럴 수도 있다'라는 생각으로 전환한다. '항상 그래'라는 생각에서 '때때로 그래'라고 생각한다. '절대(never)'라는 패턴에서 '아마도(perhaps)'라는 패턴으로, '할 수 없는(can't)'에서 '원하지 않는(don't want to)'으로 바꾼다.
다른 사람의 의견을 자신이라고 믿는다면?	다른 사람이 말할 때 스스로 어떤 생각을 하는지 떠올려본다. 그것은 그 사람의 나에 대한 생각일 뿐 내가 아니라는 것을 기억한다.
너무 많은 것을 기대하거나 변할 수 없을 거라는 생각	1. 하루 한순간이라도 할 수 있는 작은 실천을 생각한다. 2. 당신 안의 아주 작은 믿음으로 시작한다. 3. 당신을 격려할 수 있는 사람과 시간을 보낸다. 4. 당신이 무엇을 잃을까 봐 두려워하는지 자기 자신에게 물어본다. 그리고 만약 그것을 포기했을 때 당신의 삶은 어떻게 달라질지도 물어본다.

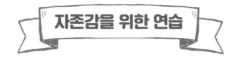
자존감을 위한 연습

내가 이 활동으로 배운 것은......

나는 _____ 사람이다.

(쳇바퀴의 1번에 작성한 내용을 쓴다)

받아들이기

판단하지 않고, 나는 이런 경향이 있다.

_____

(당신의 쳇바퀴를 보고 아래의 행동들을 하고 있는지 살펴본다. 당신이 하고 있는

행동을 적어보라.)

- 타인과의 비교
- 자기 자신에 대한 판단
- 다른 사람들이 말하는 것을 상대의 의견이라고 받아들이지 않고 당신의 모습으로 받아들이기
- 너무 많은 기대 하기
- 절대적인 생각(항상, 절대, 불가능한)
- 당신의 패턴을 바꿀 수 없다고 믿거나 그것이 유일한 패턴이라는 생각

내가 하고 있는 것을 적는다. 그런 다음 나 자신에게 이렇게 말한다. "괜찮아, 그게 나야."

행동

이제 용기를 가지고 실제 생활에서 삶의 과제를 수행하기 위해 54쪽(만약-그렇다면)에 있는 '그렇다면'을 참고해 아래 문장을 완성하고 실천한다.

나는 _____ 수 있다.

5

자존감이 상처받을 때(톱 카드)[*]

당신의 방식대로 일이 진행될 때는 어떤 위협도 느끼지 않고 자연스럽게 행동하지만, 위협을 느끼면 자신을 방어하거나 그 상황을 회피하거나 자아를 지킬 수 있다고 생각하는 방식으로 반응합니다.

이와 같이 반응하는 과정은 생각하고 행동하는 것이 아닌 자동적으로 반응하는 과정입니다. 이런 반응은 자존감이 상처받았을 때, 그 상황을 처리하려고 사용하는 일련의 행동 스타일입니다. 이것을 우리는 톱 카드라고 부릅니다.

다음의 활동으로 당신의 톱 카드를 찾을 수 있습니다. 일단 톱 카드를 알게 되면 이를 사용할 때 <u>스스로</u> 알아차릴 수 있고, 행동할 때

---

* 　빌과 밈 퓨의 워크숍 참고

어떤 일이 일어나는지를 알 수 있습니다.

　아래와 같이 상자 위에는 각각의 단어가 적혀 있는데, 상자를 열면 적힌 단어의 상황이 바로 벌어지게 됩니다. 어떤 상자를 가장 피하고 싶은가요?

　어떤 상자를 골라야 할지 잘 모르겠다면, 나머지 3개의 상자를 열지만 침대 아래에 숨기고 영원히 열고 싶지 않은 마지막 하나의 상자가 어떤 것일지 상상해봅시다.

피하고 싶은 것	톱 카드	일반적 행동
편안함	거북이	• 새로운 시도를 피하고 자신이 잘하는 일만 한다. • 저항이 가장 적은 길을 선택한다. • 상황을 불완전하게 둔다. • 위험을 피한다. • 당신의 결점을 찾을 수 없도록 숨어버린다.
기쁘게 하기	카멜레온	• 친절하게 대한다. • 마지못해서 한다. • 'no'를 의미하더라도 'yes'라고 대답한다. • 자신의 필요보다 상대가 원하는 것을 한다. • 문제에 맞서지 않고 뒷말을 하거나 불평한다. • 모든 것을 해결하려 하고 모든 사람을 행복하게 만들려고 한다.
통제	독수리	• 자기감정을 다 표현하지 않는다. • 명령하며 논쟁한다. • 상대가 당신을 달래줄 때까지 조용히 기다린다. • 감정을 꾹꾹 눌러 담는다. • 일을 시작하기 전에 만반의 준비를 마쳐놓는다. • 혼자서 해결하려고 한다. • 불평하고 화내거나 한숨을 쉰다.
우월성	사자	• 다른 사람이나 일을 깎아내린다. • 자책한다. • 삶의 부조리에 대해 말한다. • 다른 사람을 고치려 한다. • 일을 너무 많이 맡는다. • 지나치게 한다. • 불필요한 싸움을 한다. • 항상 더 잘하려고 한다. • 늘 뭔가를 해야 한다고 생각한다.

톱 카드는 당신을 긍정적인 곳으로 초대할 수도 있고, 문제를 야기하는 곳으로도 초대할 수 있다.

	긍정적인 면	부정적인 면
편안함	• 유연하고 사람들이 당신 주위에 있는 것을 좋아한다. • 잘하는 것을 한다. • 태평하다. • 자신에게 필요한 것을 찾는다. • 도움을 요청하고 다른 사람에게 편안함을 준다.	• 특별히 관심받거나 도움받길 원한다. • 당신은 걱정하고 있지만, 누구도 당신이 힘들어한다는 것을 모른다. • 나누는 것을 하지 않고 어려운 상황을 직면하지 않고 방치한다. • 독립적이 되기보다는 보호받으려 한다.
기쁘게 하기	• 친구가 많고 타인의 기분을 세심하게 헤아린다. • 타협에 능하고 사려 깊고 공격적이지 않다. • 스스로 자청하며 사람들이 신뢰한다.	• 복수의 악순환을 불러일으킬 수 있다. • 다른 사람들에게 거부받았다는 느낌을 줄 수 있다. • 꽁해하고 무시당했다고 느낀다. • 내가 원하는 대로 일이 되지 않는다. • 일은 잘하지 못하면서 잘하는 것처럼 보이려고 하다가 큰코다친다.

	긍정적인 면	부정적인 면
통제	• 좋은 리더로 위기를 극복한다. • 적극적이고 포기하지 않으며 조직적이다. • 법을 준수하고 생산적이며 원하는 것을 얻는다. • 결국 완수한다. • 상황을 책임진다.	• 힘겨루기를 하게 되고 몸이 아프다. • 비판받는다고 생각하며 문제를 회피한다. • 개방적이기보다는 방어적인 자세. • 허락을 받을 때까지 기다릴 때도 있다.
우월성	• 많은 것을 이루어내고 주위를 즐겁게 한다. • 많은 칭찬과 상을 받는다. • 다른 사람이 시키기 전에 알아서 임무를 완수한다. • 자신감이 있다.	• 잘난 척하거나 무례한 사람처럼 비치는데 그게 문제라는 걸 모른다. • 늘 더 잘해야 한다고 생각해서 행복할 수가 없다. • 주위의 많은 완벽하지 않은 사람을 참아야 한다고 한다. • 자신의 가치를 의심하는 데 너무 오랜 시간을 보낸다.

그 톱 카드와 친구가 되고 싶다면,

편안함	• 방해하지 않는다. • 잘 들어준다. • 혼자만의 시간을 가질 수 있게 배려한다. • 신뢰를 표현한다. • 대신 해주지는 않는다. • 작은 시도를 하도록 격려한다.
기쁘게 하기	• 사랑을 표현한다. • 스킨십을 한다. • 고마움을 표현한다. • 특별하다고 말해준다.
통제	• 느낌을 물어본다. • 규칙을 이야기한다. • 도움을 요청한다. • "괜찮아"라고 말해준다. • 선택권을 준다. • 원하는 대로 할 수 있도록 한다. • 허락해준다. • 조언을 구한다. • 사랑을 표현한다.
우월성	• 얼마나 중요한 존재인지 말해준다. • 헌신에 대해 고마움을 표현한다. • 작은 단계를 볼 수 있도록 돕는다. • 함께 즐거운 시간을 보낸다.

자존감을 위한 연습

내가 이 활동으로 배운 것은......

알아차리기

나의 톱 카드는 _____ 이다.

받아들이기

스트레스 상황에서 자동적으로

_____

반응하는 것을 받아들인다.

행동

이제 용기를 가지고 실제 생활에서 삶의 과제를 수행하기 위해 다음 중 하나를 선택한다.

1. 주위 사람들이 톱 카드를 사용할 때 그건 아마도 두렵거나 스트레스 상황이라고 스스로 상기한다. 그리고 톱 카드를 어떻게 사용하는지 살펴본다.

_____

_____

_____

_____

2. 내가 스트레스 상황이었을 때 그 상황에서 어떻게 행동했는지를 떠올린다. 톱 카드의 방식으로 행동한다면 자기 자신에게 말하라. "지금 톱 카드 방식으로 행동한다는 게 참 신기하지 않아?" 그러고 나서 있었던 일에 대해 써보자.

_____

_____

_____

_____

3. 만약 자신이 톱 카드처럼 행동하는 순간을 알아차릴 수 있다면 자기 자신에게 물어보자. "내가 두려워하는 게 무엇이지?" 또는 "상황이 더 나빠진다면 난 이 상황을 잘 다룰 수 있을까?"(앞의 2번 상황을 참고한다.)

내가 두려워하는 것은

_____

_____

_____

_____

4. 두려운 상황이 생긴다면, 이제 다른 방법을 선택하고 싶은가? 아니면 지금까지의 톱 카드 방식을 선택하고 싶은가?

_____

_____

_____

5. 다음의 각 내용을 작성해보자.

A. 원하는 방식대로 되지 않았을 때를 떠올려본다. 어떤 상황이었나?

_____

_____

B. 당신의 톱 카드는 무엇인가?

_____

C. 당신의 톱 카드는 어떻게 작동했나? 그리고 그때 어떻게 행
   동했나?

_____

_____

D. 두려움은 무엇이었나?

_____

_____

E. 어떤 다른 방법들을 가지고 있나?

_____

_____

기억의 지도
(내면아이 찾기)

어른이 된 지금, 당신이 하는 많은 행동의 패턴은 어린 시절에 만들어졌습니다. 지금 당신 안에는 어린아이가 함께 존재하며 어떤 순간이 되면 이 아이가 상황을 주도하게 됩니다. 이 활동은 내면아이를 만나게 하고, 자신의 내면아이를 더 잘 이해하도록 돕습니다.

1. 어린 시절 힘들거나 실망스럽거나 고통스러웠던 순간을 떠올린다. 그 상황을 나이와 함께 상자 1에 적는다.
2. 어떤 감정이 들었나? 그것을 상자 2에 적는다.(83쪽 감정 차트를 활용한다)
3. 그때 한 결심을 떠올려본다. 그 결심을 스스로 인지했을 수도

있고 그러지 못했을 수도 있다. 그때의 결심을 3번 생각주머니
에 적는다(예를 들어 "참을 거야", "내 방식대로 될 때까지 소리 지르거나 싸
울 거야", "날 진지하게 대하지 않아", "누구도 내 말을 듣지 않아").
4. 이제 상자 4에 그때 어떻게 행동했는지를 쓴다.

이제 자신이 적은 것을 다시 살펴봅시다. 어떤 상황에서 내면아이가 나를 컨트롤할까요? 바로 상자 1에 적은 상황입니다. 종종 상자 1에 적은 정보는 다른 어떤 것들을 상징합니다. 가령 다음 사례에서 애완고양이 이야기는 자신이 중요하게 받아들여지지 않고 누군가에게 다음으로 밀린다는 느낌이 드는 것을 상징하죠.

#3. 결심 :
엄마는 나보다 엄마 친구들이 더 소중한 거야. 날 소중하게 대하지 않잖아.

#2. 감정 :
신경질 나는

#1. 나이 : 7살
상황 : 마당에 고양이가 죽어있는 걸 보고 엄마에게 달려갔는데 엄마는 통화를 하고 있었다. 엄마는 내 문제에 관심이 없고 계속 기다리게 했다. 신경질이 났다.

#4. 행동 :
엄마의 관심을 끌 때까지 소리 지르기

#5. 상황이 어떻게 종료되었나 :
결국 내가 원하는 것을 얻었다. 엄마가 전화를 끊었으니까. 그리고 함께 고양이를 보러 갔다.

다음 사례를 좀 더 살펴보면, 내면아이가 경험의 조각들을 어떻게 연결했는지, 사람들이 나보다 다른 사람들을 더 중요하게 여길 때, 나를 소중하게 여기지 않는다고 생각할 때 어떤 결심을 하게 되었는지를 이해할 수 있습니다.

사례에서 보면, 상자 1은 중요하게 여겨지지 않을 때를, 상자 2는 그때 느끼는 짜증나는 감정을, 상자 3은 그때 하게 된 생각, '엄마는 나보다 엄마 친구들이 더 소중한 거야. 날 소중하게 대하지 않잖아'를 의미합니다. 상자 4는 다시 관심을 얻기 위해 소리 지르는 행동을, 상자 5는 그 방법이 자신이 원하는 것을 얻기 위해 할 수 있는 유일한 방법이라고 믿는 것을 의미합니다.

만약 이런 상황이 당신 또는 당신의 내면아이에게 일어났다면 생각-감정-행동 패턴을 좀 더 분명하게 이해할 수 있습니다.

이때 만든 패턴은 계속 재창조됩니다. 어린 시절 기억 지도는 세상을 살아가는 방법을 어떻게 배웠는지, 그리고 그때 어떤 생각과 감정을 보여주었는지 함축적으로 보여주며 오늘의 나를 이해하는 데 도움이 됩니다.

다음 이야기는 앞의 사례와 같은 인물이며, 앞의 이야기와 공통점을 찾을 수 있습니다.

#3. 결심 :
친구는 내 말을
듣지 않아.
날 존중하지 않는다고.

#2. 감정 :
신경질 나는

#1. 나이 : 40살
상황 : 친구가 부탁을 했고
그때 난 뭔가를 생각하고 있어
정신없이 바빴다.
친구가 계속 결정하라고 압박했고
난 소리를 질렀다.

#4. 행동 :
친구가 부탁을
멈출 때까지
소리 지르기

#5. 상황이 어떻게 종료되었나 :
날 내버려 두도록 했다.
나에게 더는 요구하지 않았다.

행동 패턴은 주위 사람들이 만든 게 아니라 바로 당신 스스로 만들었음을 배우는 것이 가장 중요합니다. 그 말은 이 패턴을 바꿀 수 있는 사람도 바로 당신이라는 것입니다. 물론 원한다면 말이죠.

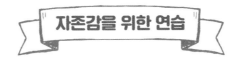

자존감을 위한 연습

내가 이 활동으로 배운 것은......

알아차리기

나는 이런 사람이다.

생각(#3) _____

일 때(#1) _____

그때 감정은(#2) _____

그리고 행동은(#4) _____

그 사건의 결말은(#5) _____

받아들이기

판단하지 않고, 다음 중 하나를 자기 자신에게 말하라.

A. 고치거나 바꾸지 않아도 괜찮아. 그냥 내면아이를 만나 나를 더 이해한 걸로 충분해.

B. 원한다면 내가 준비되었을 때 난 나를 바꿀 수 있어.

C. 내면아이에 대해 아는 것이 변화의 첫걸음이야.

행동

이제 용기를 가지고 실제 생활에서 삶의 과제를 수행하기 위해 나는 다음 중 하나를 할 수 있다.(하고 싶은 것을 고른다)

1. 나의 패턴 알기

2. 요술봉이 있다고 생각하고 자신의 패턴을 바꿔본다. 상자 1에 상황이 어떻길 바랐는지 떠올려본다. 혹시 당신의 바람이 당신이 아닌 타인이 바뀌길 바라는 것인가? 그럼 정말 타인을 변화시킬 수 있는지 생각해본다.

3. 나의 내면아이에 대해 배우자 또는 친한 친구와 이야기 나눈다.

4. 내면아이와 친구가 되어 내면아이를 용서한다. 또는 지금의 어른인 내가 내면아이에게 따뜻한 격려의 말을 건넨다.

5. 현재 상황을 보고 여전히 같은 패턴을 가진 자신을 바라본다. 다음 칸을 채운다.

#3. 결심 :

#2. 감정 :

#1. 나이 :
상황 :

#4. 행동 :

#5. 상황이 어떻게 종료되었나 :

7
자존감 치유[*]

때로 당신을 힘들게 하는 감정이 있나요? 그것은 고통이나 질투심, 스트레스, 화 등 다양할 것입니다. 다음에 소개하는 활동은 감정에 대해 알게 되고 또 힘든 감정이 찾아올 때 그것을 조절하는 데 도움이 될 수 있습니다. 이 활동에서는 당신의 상상력을 발휘하고 필요하다면 과장하거나 그 상황인 것처럼 몰입해야 합니다.

---

* 에드와 바버라 자노에의 『감정 다루기(Dealing with Feelings)』를 참고함

활동

다루기 힘든 감정에 관해 떠올린다.

1. 감정의 이름을 적는다.

_____

(83쪽의 감정 차트를 활용한다.)

2. 감정은 당신의 신체 중 어디에 있나?

_____

3. 당신의 몸에 있는 감정은 어떤 모습인가?(이 단계부터는 감정을 볼
   수 있다고 스스로 생각할 필요가 있다.)

_____

4. 감정의 색깔은?

_____

5. 감정의 크기는?

_____

6. 감정의 밀도는?

_____

7. 감정의 세기는?(1~10 가운데 선택한다.)

_____

8. 최근 그 감정을 가졌던 때를 생각해보라. 그 순간에서 멈추고
   어떤 상황이었는지 적어보자.

_____

_____

_____

9. 당신에게 요술봉이 있어 그 상황을 마음대로 바꿀 수 있다면 어
   떻게 바꾸고 싶은가?

_____

_____

10. 되도록 어린 시절로 돌아가 기억을 떠올려본다. 위에서 다룬
    감정과 같을 수도 있고, 그렇지 않을 수도 있다. 만약 아무 생
    각도 떠오르지 않는다면, 어떤 과거의 순간도 괜찮다. 아래에
    적어보라.(상황은 구체적이어야 한다)

예) 나는 ___ 살이었을 때 _____ 순간이 떠오른다.

_____

_____

_____

_____

11. 다시 요술봉을 가진다면 상황을 어떻게 바꾸고 싶은가?(어쩌면
상황을 바꾸고 싶지 않을 수도 있다. 그래도 괜찮다)

_____

_____

_____

12. 처음에 적은 감정 단어를 보면서 스스로에게 다시 질문한다.
감정의 크기는?

_____

감정의 밀도는?

_____

감정의 세기는?

_____

변화된 것은 무엇인가?

_____

보통은 처음에 적었던 감정의 세기가 줄어들 수도 있고, 완전히 사라질 수도 있다. 때론 새롭고 더 강력한 감정이 올라올 수 있는데, 그렇다면 이 단계를 똑같이 다시 해보라.

이 활동은 자기최면의 한 종류인데, 고통을 줄이는 방법으로 활용할 수 있습니다. 중독 행동을 줄이는 것을 돕거나 스스로 편안하게 하는 데 도움이 되는 활동입니다.

또한, 변화를 만들어가는 방법과 자기 자신을 알아가는 데 도움이 됩니다. 때로는 이런 정보를 아는 것만으로도 충분합니다. 삶의 변화를 만들어가고 성장시키는 첫걸음은 바로 알아차림입니다.

여기서 요술봉은 당신이 원하는 변화의 방향을 상징합니다. 원하는 바를 소리 내어 말하는 것은 어린 시절의 기억 또는 최근의 상황으로 돌아가서 이것이 자신의 삶에 어떤 영향을 미치는지를 바라보게 합니다. 지금의 감정은 당신이 알아차리지 못한 어린 시절의 결심에서 왔기에 요술봉을 지금과 과거 상황에 두 번 사용하는 것입니다. 감정이 시작된 그 시점으로 돌아가는 것은 그때 어떤 중요한 결심을 하게 되었는지를 분명하게 보여주고, 어린 시절 겪었던 마음의 상처를 회복하는 데도 도움이 됩니다.

너무 애쓰지 마라.
너는 본디 나무가 될지니~

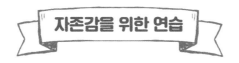

자존감을 위한 연습

내가 이 활동으로 배운 것은......

알아차리기

나는 때로 _____을 느끼는 사람이다.

(당신이 첫 번째 쓴 감정을 여기에 다시 쓴다.)

받아들이기

판단하지 않고, 나 자신에게 이렇게 말할 수 있다.

"그렇게 느껴도 괜찮아. 그건 나의 한 부분이니까."

행동

이제 용기를 가지고 실제 생활에서 삶의 과제를 수행하기 위해 나 자신에 관한 정보를 갖고

1. 나의 개인적인 성장을 위해 제일 먼저 실천할 것은?

_____

_____

_____

2. 어릴 적 상황이나 지금의 상황에서 요술봉을 어떻게 사용할지 알게 되었다. 이제 어떻게 변화하고 싶은가?

_____

_____

_____

3. 만약 요술봉으로 다른 사람을 변화시킬 수 있다면, 그냥 그 사람이 하던 대로 하도록 둘 것인가? 아니면 요술봉으로 그 사람의 행동을 변화하게 할 것인가?

_____

_____

_____

감정 차트

차분한   신난   슬픈   놀란   자랑스러운   의심 많은   속상한

무력한   피곤한   편안한   거절된   겁내는   단호한   지루해하는

분개하는   화난   상처받은   장난기 많은   질투하는   부끄러운   긴장한

짜증난   절망적인   다정한   압도된   확신이 없는   분한   안도하는

외로운   평화로운   우울한   희망에 찬   신경질 나는   죄책감 드는   걱정하는

MEMO

감정을 효과적으로 사용하기

감정은 당신에 관해 많은 것을 알려줍니다. 감정은 옳고 그른 것이 아니라 그냥 감정일 뿐입니다. 또한, 감정은 에너지입니다. 이 에너지는 당신을 어떤 방향으로 움직이게 합니다. 그러나 때로 감정은 당신이 원하는 것에서 멀어지게도 합니다.

이 활동은 당신의 감정과 만나는 것을 도와서 감정이 어떻게 당신에게 도움이 되는지, 또는 당신의 목표를 이루는 데 방해가 되는지 이해하는 데 도움을 줍니다.

활동

1. 오늘 당신이 느낀 감정을 3가지 적어보자.

    A. _____

    B. _____

    C. _____

2. 어떤 감정을 느끼고 싶은지 적어보자.

    A. _____

    B. _____

    C. _____

3. 1번에서 A, B, C와 같이 느낄 때 어떻게 행동하는가?

    1번 감정 A: _____

    1번 감정 B: _____

    1번 감정 C: _____

4. 3번 행동들은 2번 문항에서 쓴 감정을 가지게 하는가?(예/아니요)

    2번 문항 A. _____

    2번 문항 B. _____

    2번 문항 C. _____

5. 만약 3번의 행동들이 2번에서 말한 당신이 원하는 감정을 가지는 데 도움이 되지 않는다면, 당신은 다른 행동으로 바꿀 수 있는가?

New 2 A. _____

New 2 B. _____

New 2 C. _____

6. 만약 감정에 휘말려 해야 할 다른 것들을 생각할 수 없다면, 다음 과정은 새로운 옵션을 만드는 데 도움이 된다.

   a. 다른 사람과 대화하거나 조언을 구해본다. 또는 단지 감정을 나눌 수도 있다.

   b. 2번 문항의 감정을 가졌을 때를 기억한다. 그때 어떤 행동을 하고 있었나? 그런 감정을 갖기 위해 지금 다시 그렇게 할 수 있는가?

   c. 자신에게 만약 요술봉이 있다면, 그 감정을 갖기 위해 어떤 것을 할지 주문을 외워본다.

   나의 주문은

   _____

   _____

   (이렇게 요술봉을 활용하는 것은 어려운 감정 상태에서 빠져나와 새로운 시도를 할 수 있게 한다.)

d. 만약 친구가 새로운 방법을 찾고 있다면 뭐라고 말해주고 싶은가? 그것을 자기 자신에게 말해준다.

_____

_____

_____

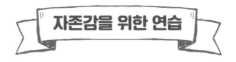

자존감을 위한 연습

내가 이 활동으로 배운 것은......

알아차리기

나는 _____ 사람이다.

(자신에 대해 알게 된 점을 쓴다.)

받아들이기

판단하지 않고, 나 자신에게 이렇게 말할 수 있다.

"감정은 그저 감정일 뿐이야. 그 감정은 나를 어디론가 초대해. 감정이 나를 어디로 데리고 가는지를 배우고 있고 오늘 그런 감정을 가진 것은 괜찮아. 그건 단지 내가 느낀 거야."

　이제 용기를 가지고 실제 생활에서 삶의 과제를 수행하기 위해 87쪽의 5번과 6번 문항에 적은 것을 실천할 수 있다.

9

분노의 비밀*

가장 다루기 어려운 감정은 화입니다. 어린 시절 화를 내는 것은 옳지 않다고 배웠기 때문이죠. 당신이 어렸을 때 화난 사람들 주위에 있다는 것은 위험한 순간을 의미했습니다. 어린 시절 화를 내면 부모는 더 큰 화를 내며 화내지 말라고 하거나 방으로 가라고 했을 것입니다. 화에 대해 배운 것은 그저 화를 숨기는 법이었습니다. 여전히 화가 나는데도 말이죠.

어른이 된 지금도 많은 사람이 화를 참거나 아니면 참다가 한 번에 폭발하곤 합니다. 화라는 감정 자체가 위험한 게 아니라 이렇게 폭발하는 방식이 위험합니다.

---

* 미치 메서의 자료에서 활용함

화가 나면, 감정을 알아차리고 그 감정에 정확한 이름을 지어줍니다. 다른 감정과 마찬가지로 화도 단지 우리가 경험하는 다양한 감정 가운데 하나일 뿐입니다.

그럼 이제 당신의 화를 살펴볼까요.

활동

화가 났을 때를 떠올려본다.

A. 어떤 순간이었나?

_____

_____

화는 그냥 감정 가운데 하나일 뿐이라는 것을 다시 떠올린다. 모든 감정은 당신 안에 존재하고 있다. 하지만 화가 나면 어떤 사람 때문에, 어떤 상황 때문에 밖에서 화가 왔다고 생각한다. 그것은 화를 일으킨 것이 상대나 상황이라고 생각하기 때문이다. 화는 원인이 아니라 당신의 반응이다. 감정을 이해하는 데 도움이 되는 것은 감정이 무엇을 향하는지 살피는 것이다. 아래에 화가 향하는 대표적인 5가지를 정리했다. 당신의 화가 향하는 것을 찾아보자.

B. 당신을 화나게 하는 것은 무엇인가?

1. 나 자신
2. 다른 사람들
3. 사람들이 당신에게 화내는 것
4. 삶
5. 없는 사람(이미 죽었거나 떠났거나 알코올의존자나 약물 중독자 등)

화가 날 때 알아야 할 중요한 것이 있다. 바로 화가 나기 전에 어떤 생각이 먼저 든다는 것이다.

화가 나는 모든 사람에게는 그 아래 숨겨진 문제나 생각이 존재한다. 숨겨진 문제를 찾으려면 "무엇이 날 화나게 했지?"라고 스스로 물어본다. 많은 이유들 중에서 보다 근본적인 진짜 이유를 찾을 때까지 계속 묻는다. 아래와 같이 자기 자신에게 계속 질문하면, 당신을 화나게 하는 진짜 이유를 찾을 수 있다. 다양한 상황에서 공통점을 찾을 수 있는데, 그것이 당신의 진짜 문제인 것이다. 아래 질문에 답을 해보자.

C. 당신을 화나게 하는 것은 무엇인가?

_____

_____

그것이 왜 당신을 화나게 하는가?

_____

_____

그것이 왜 당신을 화나게 하는가?

_____

_____

그것이 왜 당신을 화나게 하는가?

_____

_____

그것이 왜 당신을 화나게 하는가?

_____

_____

그것이 왜 당신을 화나게 하는가?

_____

_____

D. 당신을 화나게 하는 것이 다음 4가지 가운데 하나인지 본다.

인정: '사람들이 나에 대해 어떻게 생각하지?', '내가 인정받고 있나?', '나를 특별하게 대해주나?', '나는 어떤 사람이지?' 등과 관련된 생각

힘: '누구도 날 어쩌지 못해', '내가 대장이 되어야 해', '난 내 방식으로 하고 싶어', '내게 힘이 없는 것 같아' 등과 관련된 생각

공평함: '이건 불공평해', '삶은 공평하지 않아', '사람을 그런 식으로 대하는 건 옳지 않아', '사람으로서 그렇게 행동하면 안 돼', '난 그렇게 하지 않을 거야', '그들은 나쁘고 상처를 주고 있어' 등과 관련된 생각

기술과 능력: '난 할 수 없어', '그건 완벽하지 않아', '난 결코 충분히 괜찮은 사람이 되지 못할 거야', '모르겠어', '너무 어려워', '시도하지 않을 거야'와 관련된 생각

당신의 숨겨진 진짜 문제는 무엇인가?

_____

_____

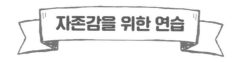

자존감을 위한 연습

내가 이 활동으로 배운 것은......

알아차리기

나는 _____에 화를 내는 사람이다.

받아들이기

판단하지 않고, 나 자신에게 다음과 같이 말할 수 있다.

"화는 단지 _____에 관한 문제다."

(D에 작성한 숨겨진 문제를 적는다.)

이제 용기를 가지고 실제 생활에서 삶의 과제를 수행하기 위해 아래에 있는 것 가운데 하나를 선택해보자.

나는 _____이다.

문제	내가 할 수 있는 것
나 자신	모든 인간은 완벽하지 않다는 것과 실수는 배움의 기회라는 것을 받아들인다.
다른 사람들	다른 사람들에게 "내가 화가 난 것은 _____이야. 네가 이런 내 기분을 알았으면 좋겠어. 꼭 그걸 고치지 않아도 괜찮아"라고 말한다. (그런 다음 앞으로의 과정에 신뢰를 보낸다.)
사람들이 나에게 화내는 것	그들이 당신에게 왜 화가 났는지 좀 더 자세하게 이야기해달라고 한다. 그리고 그들의 화는 당신에 대한 것이 아니라 그들 자신의 감정이라는 걸 떠올린다.
삶	상처받은 감정을 돌아보는 글을 쓴다. 그러고서 주위 사람과 나눈다. 화 아래에는 두려움이 있는 경우가 많다. 당신의 두려움에 관해 생각하거나 나눈다.
존재하지 않는 사람	빈 의자에 그 사람이 앉아 있다고 가정하고, 그에게 전하고 싶은 것을 편지로 쓰거나 말로 전한다. 또는 요술봉을 이용해 화가 난 상황을 바꾸거나 결과를 바꾼다.

MEMO

10
생각, 감정, 행동

문제 상황에 대한 당신의 생각은 감정과 행동, 나아가 삶 전반에 커다란 영향을 미칩니다. 따라서 문제 상황에 대해서 어떻게 생각하는가에 따라 나의 감정과 행동이 달라지게 됩니다. 내 삶을 어떻게 살지 내가 결정할 수 있습니다. 내 삶에 중요한 영향을 미치는 생각-감정-행동 패턴을 이 활동을 통해 업그레이드 해봅시다.

활동

만족스럽지 않았던 상황이나 바꾸고 싶은 상황을 아래에 적는다.

나의 상황은

_____

_____

이 상황이 어떻게 바뀌었으면 하는지 목표를 적어보자.

나의 목표는

_____

_____

지금부터 다음 질문에 답을 적는다.

1. 그 상황에 대해 어떤 생각을 했는가?

_____

_____

(이 내용을 아래 '생각' 원 안에 적는다.)

2. 그 상황에서 그런 생각을 하면서 어떤 느낌이 들었는가?

(83쪽의 감정 차트를 참고할 수 있다.)

_____

_____

(이 내용을 아래 '감정' 원 안에 적는다.)

3. 그런 감정이 들었을 때 어떻게 행동했는가?

_____

_____

(이 내용을 아래 '행동' 원 안에 적는다.)

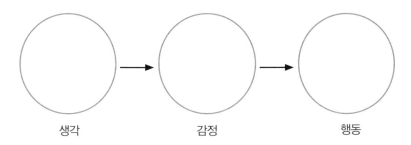

생각   감정   행동

'행동' 원을 보자. 행동이 2번에 적은 당신의 바람을 이루는 데 도움이 되었나?

그렇지 않다면, 좀 더 만족스럽고 성공적이며 건설적인 방법을 찾으려는 활동으로 이어가야 한다. 사람들이 당신에게 그렇게 생각하고 느끼고 행동하라고 한 게 아니라 당신 스스로 결정한 것이라는 점이 중요하다. 다른 사람들이 방아쇠를 당겼을(trigger) 수 있지만, 어디까지나 생각-감정-행동 패턴은 스스로 선택한 것이다. 변화하려면 비난하는 것보다 새로운 패턴을 만드는 편이 낫다. 첫 번째 패턴을 만들었기 때문에 또 다른 패턴도 만들 수 있고, 이런 과정이 자신이 원하는 목표에 더 가까이 다가가는 데 도움이 된다.

생각, 감정, 행동을 바꿈으로써 새로운 패턴을 만들 수 있다. "그 상황에서 다르게 느낄 수 있다면?"이라고 자신에게 물어보며 스스로 감정을 결정할 수 있다.(좋고 나쁨은 감정 단어가 아니다. 감정 단어는 감정 차트를 참고하라.)

새로 선택한 감정을 '감정' 원에 써보자.

또는 "어떻게 다르게 행동할 수 있지?"에 대한 자신의 답을 '행동' 원에 써보자.

또는 "자기 자신에게 어떻게 말할 수 있을까?"에 대한 자신의 답을 '생각' 원에 써보자. 104쪽에 나오는 '확언과 새로운 생각'을 참고할 수 있다.

원에 새로운 내용을 채울 때, 다른 두 가지 원으로 나아갈 수 있습니다. 예를 들어 만약 자신감을 가지기로 마음먹었다면, 감정 원에 이 내용을 적습니다. 그러고 나서 나 자신에게 어떤 말을 해야 그런 기분이 들지 물어봅니다. 그리고 그 내용을 생각 원에 씁니다.

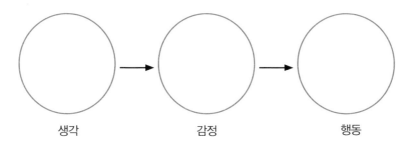

생각   감정   행동

나 자신에게 어떤 말을 해야 그런 기분이 드는지 알게 되었습니다. 이제 어떻게 행동할지 결정합니다. "그런 새로운 감정이라면 어떻게 행동할까?"라고 자신에게 물어보고 그 내용을 행동 원에 씁니다.

활동을 하며 생각이 감정과 행동에 어떤 영향을 미치는지 알 수 있습니다.

내가 선택할 수 있는 나의 생각, 감정, 행동의 패턴을 내게 도움이 되는 방향으로 결정하는 이 과정을 거쳐 더 나은 삶으로 나아갑니다.

확언과 새로운 생각

- 나는 이미 특별하고 유일한 존재야. 그러니 스스로 특별해야 한다는 생각으로 주위와 비교할 필요 없어.
- 나는 존재 그 자체로 가치 있어.
- 나는 나를 받아들이고 사랑해.
- 나는 사랑받을 자격이 있어.
- 나에게 일어나는 일은 내가 온전히 책임져.
- 실수할 수도 있어.
- 내 안의 나를 꾸짖지 않고 사랑할 수 있어.
- 나는 나를 신뢰해.
- 지금 옳은 길을 갈 거고, 그럼 행복할 거야.
- 나는 있는 그대로 사랑스러워.

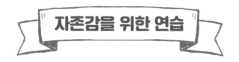

내가 이 활동으로 배운 것은......

알아차리기

나는

_____ 생각하고
_____ 느끼고
_____ 행동하는 사람이다.

(생각-감정-행동 원에 쓴 내용을 적는다.)

받아들이기

판단하지 않고, 나 자신에게 이렇게 말한다.
"나는 생각-감정-행동 중 하나를 바꿀 수 있고, 나아가 나의 패턴을 새롭게 만들 수 있어."

또 자신에게 이렇게 말한다.

"어떤 생각, 감정, 행동도 그저 나를 스쳐가는 거야."

행동

이제 용기를 가지고 실제 생활에서 삶의 과제를 수행하기 위해
나는 나의 감정을
_____ 바꾼다.

또는 나의 생각을
_____ 바꾼다.

또는 나의 행동을
_____ 바꾼다.

11

목표 세우기

삶의 목표를 세우고 목표를 이루기 위해 시간을 어떻게 사용할지 계획하고 스스로를 위한 선택을 자신의 힘으로 할 때 우리는 용기를 가지게 됩니다. 스스로 결정한다는 것은 능동적인 삶(pro-active)을 의미하는데, 타인의 결정에 끌려다니거나 주위에서 일어나고 있는 일들에 반응하기보다 스스로 결정하는 삶에 대해 배워봅시다.

다음은 당신의 삶의 목표를 세우는 데 도움을 주는 단계입니다.

활동

1. 지금 삶의 모습을 떠올려보자. 원을 그리고 각각의 활동에 얼마나 오랜 시간을 보내고 있는지 피자 조각처럼 원을 선으로 나누어 그 안에 적어본다. 이것은 당신이 어떻게 시간을 보내는지를 알아보는 데 도움이 된다. 다음 목록을 참조하라.

목록: 일, 아이들, 부부끼리의 시간, 가족 활동, 여가 활동, 운동, 건강, 집안일, 친구들, 가족모임, 자신의 성장, 나를 위한 시간

2. 지금부터 5년 후 당신의 삶이 어떠하기를 바라는가?(당신과 당신의 가족을 포함한다)

1) _____

2) _____

3) _____

4) _____

5) _____

이것이 당신의 장기적인 목표다.

3. 그럼 이제 당신이 한 달만 살 수 있다고 해보자. 그럼 무엇을 할지 3가지만 적는다.

1) _____

2) _____

3) _____

이것이 당신의 단기적인 목표다.

4. 2번과 3번의 답들을 보며 무슨 생각이 드는가? 현재 장기적인 목표를 위해 사는가, 단기적인 목표를 위해 사는가? 장기적인 목표와 단기적인 목표를 살펴보고 내린 결론 3가지를 적는다.

결론 1) _____

결론 2) _____

결론 3) _____

아래의 단계는 목표를 이루고 삶의 변화를 만드는 데 효과적이다. 하나의 목표를 세분화하고 작은 단계로 나누는 것은 도움이 된다. 하나의 목표를 아래에 적어보고 그것을 3단계로 나누며 이를 이루기 위해 단계를 미니 3단계로 세분화한다.

목표 : _____

1단계 :

2단계 :

3단계 :

단계 : _____

미니 1단계 :

미니 2단계 :

미니 3단계 :

아주 작은 실천, 즉 미니 단계를 실천하며 당신의 목표에 다다를 수 있다.

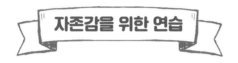
자존감을 위한 연습

내가 이 활동으로 배운 것은......

나의 장기적인 목표는 _____이다.

(109쪽 2번의 장기적인 목표 가운데 하나를 적는다.)

내 목표와 내가 살아가는 방식이 같을 수도 있고, 다를 수도 있다는 것을 받아들인다. 그것이 삶이다.

수동적인 삶을 살아가는가?

능동적인 삶을 살아가는가?

나의 목표와 계획에 다가가는가? 멀어지는가?

행동

이제 용기를 가지고 실제 생활에서 삶의 과제를 수행하기 위해 나는 내 리스트에서 시작할 미니 단계 중 하나를 선택할 수 있다.

나의 미니 단계는 _____

이해하기[*]

이해의 폭을 넓히면 반복적으로 일어나는 문제를 좀 더 잘 알 수 있습니다. 이때 당신이 통제할 수 없는 건 그대로 두고 통제할 수 있는 것에 당신의 강점과 아이디어를 사용합니다. 이것을 '받아들임'이라고 부릅니다.

'받아들임'으로 나아가려면 우리가 저마다 다른 현실을 살아가고 있다는 것을 알아야 합니다. 모든 인간은 자신만의 생각이 있고 그 생각들은 다 다릅니다. 누구의 생각이 더 좋고 나쁘다거나, 옳고 그르다는 것보다 단지 다를 뿐이라는 관점을 가질 필요가 있습니다. 이것이 어떻게 가능한지 살펴봅시다.

---

[*] 제인 넬슨의 『이해(Understanding)』에 있는 자료를 참고함.

활동

1. 계속해서 일어나는 문제 상황에 대해 써보자.

_____

_____

_____

_____

2. 그 문제에 대한 당신의 생각은 무엇인가?

_____

_____

_____

_____

3. 다른 사람들은 그 문제에 대해 어떻게 생각할까?

_____

_____

_____

_____

어쩌면 주의를 기울이지 않았거나 몰랐을 수도 있지만, 이 문제가 일어날 때 마음속에서는 강한 감정이 올라왔을 것이다.

4. 이 문제를 마지막으로 가졌을 때를 생각해보자. 그때 감정이 어떠했는가? 이때 반드시 감정 단어를 사용해야 한다. 감정 단어는 한 단어이다.

　내가 느낀 감정은 ＿＿＿＿＿＿＿＿＿＿＿＿＿＿＿＿＿＿＿ 이다.

감정은 지금 어떤 일이 일어나는지를 이해하는 데 도움을 주는 최고의 가이드이다. 감정은 내 안에 있고 나에 대한 가치 있는 정보를 줄 뿐 다른 사람에 관한 것이 아니라는 걸 기억하라.

5. 감정을 주의 깊게 살펴보자. 그 감정이 당신을 어디로 향하게 하는가? 그리고 무엇을 할 것인가?

＿＿＿＿＿＿＿＿＿＿＿＿＿＿＿＿＿＿＿＿＿＿＿＿＿＿＿

＿＿＿＿＿＿＿＿＿＿＿＿＿＿＿＿＿＿＿＿＿＿＿＿＿＿＿

＿＿＿＿＿＿＿＿＿＿＿＿＿＿＿＿＿＿＿＿＿＿＿＿＿＿＿

＿＿＿＿＿＿＿＿＿＿＿＿＿＿＿＿＿＿＿＿＿＿＿＿＿＿＿

삶은 순환한다. 어떤 것도 영원하지 않다. 오늘 중요하다고 여겼던 그 일이 내일은 잊힐 수도 있다.

6. 결국 이 문제가 반복되는 삶의 한 과정이라 생각한다면, 자기 자신에게 뭐라고 말하고 싶은가?

_____

_____

_____

_____

자존감을 위한 연습

내가 이 활동으로 배운 것은......

나는 때론 _____ 느끼는 사람이다.

판단하지 않고, 나 자신에게 다음과 같이 말할 수 있다.
"이것들은 내 감정이다. 나에 대한 정보일 뿐 좋거나 나쁜 것도, 옳거나 그른 것도 아니다. 또한 다른 사람들은 나와 다른 현실을 경험한다는 것을 기억한다."

이제 용기를 가지고 실제 생활에서 삶의 과제를 수행하기 위해 다음 중 하나를 선택한다.(당신이 하기로 결심한 것에 동그라미를 그린다.)

1. 나는 다른 사람의 생각을 추측하지 않고 물어본다.
2. 나의 감정을 찬찬히 살피며 그대로 받아들인다.
3. 삶은 순환하는 과정이라는 것을 믿는다.

나를 알아가고
나를 받아들이며
생활 속에서 작은 실천을 할 때

우리 마음에 용기가 샘솟는다.

이미 당신은 있는 그대로 충분히 괜찮다는 것을 기억하며

용기를 가지고
노력하고
연습하고
배우고
시도하고
실천하며
성장한다.

잘하고 있으니
자기 자신을 신뢰하고
행동하라!

Memo

Memo

Memo

Memo

Memo

Memo

Memo

격려 수업 워크북

초판 1쇄 발행 2020년 8월 14일

지은이 ㅣ 린 로트, 메릴린 켄츠, 드루 웨스트
옮긴이 ㅣ 김성환

발행인 ㅣ 최윤서
편집장 ㅣ 허병민
마케팅지원 ㅣ 김수경
디자인 ㅣ 디자인붐
펴낸 곳 ㅣ 교육과실천
도서문의 ㅣ 02-2264-7775
인쇄 ㅣ 031-945-6554 두성 P&L
일원화 구입처 ㅣ 031-407-6368 (주)태양서적
등록 ㅣ 2018년 4월 2일 제2018-000040호
주소 ㅣ 서울특별시 중구 창경궁로 18-1 동림비즈센터 505호
ISBN 979-11-90113-08-3 (03370)

값은 표지에 있습니다.